AF339681

LES ROYALISTES

DE CAMBRAI

à Leurs Concitoyens.

Concordiâ res parvæ crescunt, Discordiâ maximæ dilabuntur . . . SALUST . .

Par la concorde les petits États deviennent puissants ; par la discorde les plus grands Empires se détruisent.

A CAMBRAI

chez Samuël BERTHOUD, imprimeur du ROI.

Janvier 1816.

LES ROYALISTES DE CAMBRAI

A LEURS CONCITOYENS.

C'EST peut-être le mauvais sens que des malveillans ou des ignorans veulent donner au mot *Royalistes*, qui fait que quelques uns de vous, quoique le nombre en soit petit, montrent encore pour nous de la défiance et même de l'aversion ; c'est sans doute, ce qui fait que vous êtes en retard dans la réunion de vos volontés à la nôtre, pour le bonheur de la France. Si vous l'aimez cette France, votre patrie, vous ne trouverez dans votre cœur que des sentimens conformes aux nôtres. Nous n'entendons point, par ce mot *Royalistes*, des gens dévoués à un parti, qui ne trouverait de plaisir qu'a subjuguer tous les autres. Si nous aimons que notre parti domine, ce n'est point par la force et la contrainte ; mais par la pureté de nos principes & de nos intentions ; par la justice de notre cause, par de meilleures vues pour le bien de la patrie ; ou plutôt nous désirerions que tous les partis pussent se confondre en un seul Si nous reconnaissons pour notre chef un Roi ; ce n'est pas pour le faire servir d'instrument à nos vengeances ou à notre ambition, comme bien des gens ont pu le croire. Nous aimons le Roi, parce que le Roi est un bon français ; parce qu'il aime & porte dans le cœur tous les français ; parce que nous croyons que lui feul peut nous rendre la paix, que nous avons perdue depuis 25 ans. Nous fecondons de tout notre pouvoir les vues du Roi, parce qu'elles font pacifiques, & n'ont d'autre but que le bonheur des français, & que nous ne retrouvons plus en lui un guerroyeur éternel, qui, en fe donnant effrontément le titre de *pacificateur de l'Europe*, nous fufcitait des guerres chez tous les peuples. Nous jurons obéiffance au Roi ; parce que nous croyons fermement que le Roi ne nous commandera rien qui ne tende à notre félicité, & qu'il ne connait pour lui-même d'autre bonheur que celui de nous favoir tous heureux. Nous voyons avec plaifir l'hérédité du trône rendue à la famille des *Bourbon* ; parce qu'elle n'en avait été exclue que par le plus atroce des attentats, dont l'expiation a coûté tant de larmes à la France ; parce que c'eft une Famille françaife, qui a toujours confondu fes intérêts avec ceux des Français ; parce que cette Famille nous a donné des Rois, dont le règne nous a fait couler d'heureux jours. Enfin le mot *Royalites* fignifie chez nous : *Amis du Roi*, *Amis de la Paix*, *Amis des Français*. Si quelqu'un fe préfente à vous, fe prévalant du titre de *Royalifte*, fans profeffer ces principes, rejettez-le comme un *fauffaire*, indigne de votre confiance. Et fi des animofités particulières emportent quelques uns de nous au-delà des bornes de la modération ; bien loin d'approuver leurs écarts, nous nous efforcerons de les faire rentrer dans les vues pacifiques & paternelles de notre bon Roi, qui veut que tous les Français foient unis.

Ce n'eft pas fans douleur que nous voyons des mécontens parmi nos Concitoyens, qui feront toujours nos frères : Les plaintes & les murmures que vous voudriez en même tems & étouffer & faire entendre, ne nous font pas inconnus. Si vous nous croyez plus heureux que vous, nous voulons bien vous faire partager notre bonheur ; fi au contraire vous vous croyez les feuls malheureux, nous voulons également prendre part à votre malheur & l'alléger s'il eft poffible. L'égoifme ne règle pas notre conduite ; jamais nous ne goûterons de félicité , quand nous verrons nos Concitoyens dans la détresse & la souffrance.

Le commerce anéanti ; les ravages d'une guerre désastreuse; la gloire de nos braves soldats méconnue et sans récompense ; l'abolition d'un gouvernement auquel vous vous étiez trop intéressés ; le rétablissement d'un nouveau , que vous ne pouvez vous décider à aimer , parce que vous n'y voyez pour vous que du désavantage ; la destitution des anciens fonctionnaires publics ; des familles ruinées par la perte de leurs emplois & de leurs charges ; l'autorité confiée de préférence aux Royalistes ; la partialité qu'ils ont montrée dans les dernières élections ; la prédilection du Souverain pour des individus, que vous croyez moins capables que vous de bien mériter de la Patrie ; la fausse honte d'abjurer vos erreurs , & de vous voir humiliés par le prétendu triomphe d'un parti contraire; la Nation avilie ; la domination des prêtres ; la crainte du rétablissement des droits féodaux , & de la restitution des domaines nationaux ; voilà les causes de vos mécontentemens ; voilà les chimères , qui troublent vos têtes ; voilà les épouvantails, qui vous donnent de l'ombrage , qui vous aigrissent contre nous. De là des haines implacables, des calomnies atroces, des bruits séditieux ; de là cette animosité qu'on met à se causer des déplaisirs les uns aux autres, à affaiblir les espérances, à augmenter les craintes ; de là enfin tout ce que la discorde peut souffler de plus pernicieux, & de plus nuisible à la société. Mais examinons séparément tous ces prétendus sujets de mécontentement, & voyons si vos haines, vos craintes & vos défiances sont fondées, ou si ce ne sont que des fantômes, que la dicorde se plaît à reproduire , pour troubler la tranquillité publique.

Parlons d'abord de la Guerre. -- Nous ne pouvons pas vous dire que ceci soit une vaine chimère. Les maux qu'elle cause ne sont que trop réels. Nous sommes bien loin d'improuver les plaintes, que vous arrachent la souf-france & la douleur. Mais, vous le voyez, nous ne som-mes pas plus ménagés que vous ; & notre Bon Roi a le cœur déchiré d'entendre les gémissemens, & de voir couler les larmes de son peuple chéri, dont il ne respire que la félicité. Malgré l'amertume dont les traîtres ont abreuvé son ame, il se met encore entre nous & le bras vengeur qui nous frappe, pour arrêter, ou du moins amortir les coups, que son amour ne peut entièrement détourner de nos têtes. Et quel est le barbare, qui pourrait, sans dou-leur, voir des horreurs capables de toucher le cœur de ceux même qui les commettent ?

Mais sur qui prétendez-vous faire retomber la cause des nouveaux malheurs qui affligent la France ? Cette guerre sanglante & désastreuse, par qui fut-elle suscitée ? Notre Monarque bienfaisant nous avait donné la paix ; il nous avait reconciliés avec tous les peuples que l'insatiable ambition de Buonaparte avait exaspérés contre nous ; nos plaies étaient cicatrisées, la tranquillité rétablie, le com-merce ranimé ; la France depuis 25 ans n'avait joui d'un si doux repos ; les puissances ennemies nous avaient même traités avec modération. Pourquoi avons nous permis qu'on violât le traité, qui assurait notre tranquillité ? Pourquoi avons-nous souffert qu'on chassât du trône un Roi paci-fique, pour y replacer un usurpateur, qui n'a cessé de nous mettre aux prises avec l'univers entier ? ne semble-t-il pas qu'un génie malfaisant ait pris à tâche de nous mener d'un excès dans un autre, & que l'impunité nous engage à en commettre de nouveaux ? Notre bon Roi, en partant pour l'exil, nous a prédit cette guerre universelle, que sa disgrace allait attirer sur nous. Par quelle fatalité avez-vous refusé de croire à la prédiction d'un père sage & initié aux secrêts des cabinets étrangers, pour vous laisser aveuglément séduire par les assertions mensongères d'un Charlatan, avec lequel aucun des Souverains ne vou-lait plus traiter ?

Vous avez vu quelle déplorable cataftrophe a amenée cette aveugle crédulité. Rappelez-vous l'époque, où *ce fléau des nations* remit le pied fur le fol de la France. Nous ne vous difons rien qui ne vous foit connu. (*haud ignota loquor*) A peine la nouvelle en eft-elle répandue, que l'alarme & la fureur portent le trouble dans les villes & les campagnes. Les enfans qui commençaient à goûter les douceurs de la paix, font de nouveau arrachés du sein de leurs familles, les jeunes époux des bras de leurs époufes éplorées. Bientôt des Provinces entières font fous les armes ; des maffes d'hommes marchent tumultueufement en fe preffant & fe pouffant vers les frontières, comme les vagues d'une mer en courroux viennent fe brifer contre le rivage. Les bruits que font entendre ces hommes armés, ne font point des chants joyeux, que des guerriers entonnent quelquefois pour s'exciter à la victoire, quand ils marchent où l'honneur & la gloire les appellent ; leurs cris reffemblent aux mugiffemens des taureaux, que l'odeur du fang met en fureur, & qui vont aveuglément braver la hache qui doit les abattre. Ces forcenés ne voient plus, ni à quels dangers ils courent, ni à quels malheurs ils nous expofent. Le combat s'engage, la victoire balance ; enfin, malgre la plus opiniâtre réfiftance, la digue eft rompue ; les phalanges étrangères entrent par torrents ; & fe répandent bientôt fur toute la furface de la France. Que fait l'inftigateur de ces troubles, au milieu de ces défaftres ? Il fuit, il abandonne lâchement ceux qui ont cru à fes fauffes prédictions, & leur laiffe debrouiller la querelle qu'il a lui même engagée. Pofition affreufe ! Malheur à la vérité déplorable, mais préférable à un plus terrible encore, dont nous étions menacés, fi le fort eût accordé la victoire à nos armes ! Malheureux pères de famille, qui pleuriez déjà la perte de vos fils ; votre âge ne vous mettait plus à l'abri des dangers ; vos têtes blanchies par les années étaient déjà marquées, pour compléter le nombre des victimes. Vous deviez marcher à la mort, & y marcher par des routes couvertes de cadavres, parmi lefquels étaient peut-être les corps enfanglantés de vos enfans ! . . . . . . Dites-nous maintenant par qui ces fcènes d'horreur furent fufcitées ? . . . . .

Des politiques prétendent que ce font des ennemis de la France, qui, dans des vues hoftiles, auraient, finon provoqué, du moins favorifé le retour de Buonaparte. Quelle que foit la probabilité du fait, ne l'alléguez jamais pour excufer votre conduite, fous peine de paffer pour des infenfés, ou des traîtres. *Des Ennemis*, vous répondrait-on, *nous ont renvoyé Buonaparte?* . . . . . Donc vous deviez rejetter ce don & dire :

Timeo danaos vel dona ferentes.

Ils nous l'on renvoyé dans des vues hoftiles? . . . *& vous vous êtes empreffés d'aller à fa rencontre & de lui faire accueil?* . . Donc vous étiez les complices de ces Ennemis ; donc vous étiez les Baladins, les Hiftrions, qu'ils voulaient mettre en danfe, pour s'amufer à nôs dépens. Donc, fi vous étiez patriotes, & patriotes éclairés, comme vous prétendiez l'être ; vous ne deviez pas vous laiffer prendre à cet appât; & fi vous êtes aujourd'hui mieux avifés, vous vous garderez à l'avenir des pièges femblables, qu'on pourrait encore tendre à votre crédulité : le moyen de les eviter ces pièges, c'eft de joindre vos efforts aux nôtres, pour affermir & confolider le trône de nos Rois ; c'eft de réduire toutes nos volontés en une feule, pour donner à notre gouvernement cette force & cette énergie dont il a befoin, pour défendre nos droits.

A Dieu ne plaife, chers concitoyens, que ce foit un triomphe pour nous, d'avoir des reproches à vous faire. Si vous avez eu des torts, nous pouvons en avoir eu auffi. Ce fléau, qui pèfe fur nous auffi bien que fur vous, eft un châtiment que le ciel nous envoie auffi bien qu'à vous ; à vous pour avoir montré trop de zéle à foutenir la mauvaife caufe ; à nous pour en avoir montré trop peu à défendre la bonne.

En quò difcordia cives

Perduxit miferos !

Nous ne pouvons donc disconvenir que la France ne soit aujourd'hui plongée dans la plus affreuse des calamités ; mais voyons si on est en droit de conclure de là qu'elle soit avilie, humiliée et deshonorée.

Parlons d'abord de la gloire de nos armes. -- Nos armées, pour n'avoir pas toujours été victorieuses, en ont-elles montré moins de bravoure ? est-ce un déshonneur d'être vaincu, quand les circonstances rendent la victoire impossible ? est-ce un déshonneur de perdre des conquêtes, que l'injustice et l'ambition d'un tyran avaient faites, contre le vœu même des français ? est il une nation, qui ne sâche reconnaître et apprécier la valeur du soldat français ? hélas ! que ne fut-elle employée à défendre une meilleure cause ! si les Troupes Françaises se sont deshonorées, c'est en portant le fer et le feu chez des peuples tranquilles, qui ne nous insultaient pas ; c'est en détrônant les Souverains légitimes de ces nations paisibles, pour leur substituer des intrus ; c'est en renversant les formes de leurs gouvernemens, sous lesquels ces peuples vivaient en paix, pour les soumettre à une dictature nouvelle, qui les opprimait ; c'est enfin, le dirai-je ? en prostituant la force de leurs bras à défendre et protéger un Despote insolent, qui nous tenait dans une honteuse servitude, et qui ne nous proposait d'autres lois à suivre que sa propre volonté et ses caprices. Oui, nous ne craignons pas de le dire, le soldat français a plus à rougir de ses victoires que de ses défaites.

Qu'on ne nous dise pas que le soldat ne faisait la guerre que pour son avancement dans la carrière militaire. C'est un sentiment bas et barbare, qui ne doit jamais entrer dans le cœur d'un brave soldat. Désirer la guerre pour son avancement, ou son avancement par la guerre, c'est souhaiter la mort à de braves défenseurs de la patrie, pour obtenir leur poste. Il semblerait que ce fût un service que l'ennemi rendrait à celui qui forme ce vœu, de donner la mort, ou de mettre hors de combat le vaillant guerrier, dont il convoiterait la place. Un tel désir ne peut fe trouver que dans l'ame mercenaire et fordide d'un héritier, qui attend avec impatience la mort de ceux dont il veut envahir la fortune. Si la profeffion des armes porte quelquefois le foldat à des actes dont l'humanité doit frémir, du moins conferve-t-il toujours dans le cœur un fond de générofité, qui le tient au-deffus d'un vil intérêt.

Ne murmurez donc plus, braves foldats, contre l'économie de notre bon Roi, qui a réduit plufieurs de vous à la demi-folde. Quand les revenus de l'état font diminués de moitié, la dépenfe doit fubir une réduction proportionelle. Tel était alors l'état des finances : ou il fallait doubler les impôts, ou réduire les dépenfes à moitié. Le Roi a cru devoir prendre le dernier parti. Il était douloureux pour fon cœur et pour le nôtre, de renvoyer sans récompense de braves guerriers, qui, quoique fervant une mauvaife caufe, croyaient toujours fervir la patrie ; mais où les moyens de récompenfer ceffent, là ceffe auffi l'obligation de le faire. La bonne intention du Roi doit vous tenir lieu de gratification ; si elle ne vous contente pas, du moins devrait-elle vous confoler. S'il ne peut récompenfer votre valeur, du moins faura-t-il l'apprécier. Vous infulteriez à fa juftice, si vous jugiez de fon eftime pour vous, par la modicité de fes récompenfes. Non, braves foldats, pour être malheureux, vous n'avez pas perdu la réputation de valeureux guerriers. Le Roi et la Patrie fauront vous rendre juftice ; et les nations étrangères même n'auront jamais le droit de vous regarder comme deshonorés et avilis, non plus que le refte des citoyens français.

Eh ! comment le ferions-nous ? ferait-ce donc un déshonneur de reprendre nos droits ? fommes-nous humiliés, pour avoir retiré nos têtes du joug d'un étranger qui nous opprimait, pour nous remettre fous la conduite & le gouvernement paternel d'un vrai Français, d'un *Bourbon*, d'un fils de *Henri IV*, d'une famille dont le règne a toujours fait le bonheur des français ? nous avions un maître ; nous avons un père. Que perdons-nous au change ?

(11)

quelle honte peut-il nous revenir de ce changement ?
certes, s'il y a quelque chose de déshonorant pour nous,
c'est de n'être pas toujours restés unis, comme des frères ;
c'est que par nos diffensions continuelles, nous nous soyons
vus réduits à courber nos têtes sous le joug d'un Despote,
qui se vantait de nous avoir *muselés*; c'est que nous
n'ayons pas eu assez de courage, pour rompre nous-mêmes
nos chaines, et qu'il ait fallu que des étrangers nous
aidassent à recouvrer nos droits, à calmer nos différens,,
à arrêter l'aveugle fureur, à laquelle nous nous livrerions
peut-être encore; c'est qu'il faudra, qu'ils nous gouver-
nent, si nous ne pouvons nous entendre pour nous
gouverner nous-mêmes. C'est une honte pour nons,
sans doute ; mais une honte, dont nous pouvons
nous laver, en redevenant des amis, des frères.
Nous n'étions plus Français; nous le redeviendrons sous
un gouvernement français. Nous ne nous mêlerons plus
de donner des lois aux nations étrangères; mais nous nous
en donnerons à nous-mêmes, qui, en ramenant parmi
nous l'union et la concorde, feront de la France une
puissance respectable, incapable d'attenter aux droits d'autrui; mais capable de défendre les siens. Les Français
feront moins redoutés, mais toujours respectés.

Soldats français! vous ne démentirez pas cet heureux
augure, qui ranime nos espérances. Dans les climats
éloignés, où la victoire vous avait fait voler, étourdis
du tumulte des combats, enivrés de la fausse gloire de
vos conquêtes, vous pensiez servir votre patrie, en ser-
vant notre oppresseur; vous ne saviez pas que celui,
pour qui vous prodiguiez votre sang, nous faisait gémir
sous son sceptre de fer, et nous traitait avec plus de
dureté et d'inhumanité, que vous ne traitiez peut-être les
nations malheureuses, sur lesquelles vous exerciez vos
droits de conquête. Rendus aujourd'hui au sein de vos
familles, elles vous auront appris que cet ambitieux despote, qui estimait si peu la vie de ses soldats, ne traitait
pas avec plus de pitié le reste de ses sujets ; qu'il s'était

rendu maître abfolu de nos biens, de nos fortunes, de nos enfants ; qu'il difpofait en maître du fruit de nos travaux, de notre induftrie ; qu'il captivait nos volontés, et pouffait même fes impérieufes prétentions jufqu'à vouloir maîtrifer nos penfées. Braves soldats ! vous avez fait des prodiges de valeur, quand il s'agiffait de feconder les vues ambitieufes d'un perturbateur, qui n'avait de français que le titre d'*Empereur des Français*, qu'il s'était donné lui-même, et qu'il ne confervait qu'au prix de votre fang ! vous êtes Français, ne ferez-vous donc rien pour la défenfe d'un Monarque bienfaifant, dans les veines duquel coule le fang français ; & dont la feule ambition eft le bonheur des Français ? Ne cefferez-vous d'être courageux & fidèles, que quand votre patrie a befoin de fidélité & de courage ? il s'agit maintenant de rendre & d'affurer la paix à la France, en affermiffant le trône d'un Roi pacifique ! . . . . Vos bras n'auront-ils plus affez de vigueur pour opérer une fi belle œuvre ? L'attitude impofante que vous teniez devant l'ennemi, faifait trembler & fuir devant vous des armées nombreufes ! . . . . A préfent qu'il ne s'agira plus que de réduire au filence une poignée de malveillants, qui chercheraient à troubler notre repos, ne faurez-vous la reprendre cette attitude, qui vous était fi naturelle, & faire rentrer les perturbateurs dans le devoir ?

Et vous, citoyens, qui jettez de hauts cris fur l'organifation prétendue vicieufe du nouveau régime, reconnaiffez enfin votre erreur. Reconnaiffez que la perverfité des mœurs de notre fiècle vous a féduits.

En effet, la génération préfente, plus que toute autre, a adopté l'intérêt pour règle de conduite. De là ce préjugé, répandu dans prefque tous les efprits, que plus un homme a fu accumuler de richeffes, plus on lui donne de fageffe et d'intelligence ; plus, au contraire, on le voit déchoir de fa fortune et pencher vers l'indigence, plus on le croit ignorant et inhabile dans la conduite des affaires. C'eft, fans doute, d'après cette maxime, qu'on juge du peu de génie & de l'ineptie des anciens Nobles & des Émigrés. On concilie difficilement avec le fens commun le défintéreffement qu'ils ont montré dans la Révolution. On ne conçoit pas comment, fans un acte de démence, ils ont pu abandonner de fi belles fortunes, pour aller où l'honneur les appelait. On appelle *fol entêtement* la ferme perfévérance qu'ils ont eue de refter fidèles à leurs principes, & de redéfirer fans ceffe l'ancienne Dynaftie.

Ainfi n'ont point agi, fans doute, ceux qui, placés depuis eux au timon des affaires, ont fû s'y maintenir, auffi bien dans le gouvernement démocratique, que fous la tyrannie. De là vient que ceux-ci paffent pour des hommes d'un rare génie, & que les autres font regardés comme des perfonnages ineptes & incapables d'occuper les emplois; les uns propres à tout, les autres à rien.

Nous ne partageons point cette opinion ; ou du moins, fi la longue habitude de voir régner ce préjugé a pu, pour un tems, nous faire donner dans cette erreur, nous en fommes revenus. Nous croyons aujourd'hui, & l'expérience nous a démontré que l'intérêt fe lie difficilement avec la juftice ; que des hommes intéreffés ne fauraient être de bons adminiftrateurs des affaires publiques ; que des gens, qui ont géré les mêmes emplois fous des Gouvernements fi variés, fi différents & fi oppofés ; qui ont tantôt plongé le peuple dans l'anarchie, tantôt tyrannifé eux - mêmes ceux dont ils tenaient leur pouvoir, tantôt courbé leurs têtes & celles de leurs commettans fous le joug de la tyrannie ; qui, quand on leur parlait des lois tyranniques qu'on nous donnait, ne favaient que nous répondre : *Ne vous défolez pas ; au moment où vous vous plaignez, quelque chofe de plus dur & de plus cruel encore eft fous la preffe & prêt à paraître ;* nous croyons, dis-je, que de telles gens ne font point propres à nous gouverner.

Ce n'eft pas que nous doutions de leurs talents. Nous convenons qu'une longue habitude a dû les rendre habiles dans la conduite des affaires politiques ; nous ne difconvenons pas non plus qu'ils auraient eu des dangers à cou-

(14)

rir, en réfiftant aux volontés tyranniques des Defpotes ,
à qui ils avaient une fois laiffé prendre trop d'autorité
fur leurs droits & les nôtres ; nous admettons encore que
plufieurs d'entr'eux ont toujours confervé l'intention de
fervir le bien public ; mais ils ont manqué de fermeté
& de courage. Quelque bonne volonté qu'ils ayent eue
d'être utiles à la Patrie , ne fût-ce que par leur pufillani-
mité , ils luï ont été inutiles ; nous pourrions même ajou-
ter , *nuifibles* & *pernicieux*. Car ils doivent favoir quels
maux ont attirés fur la France les fréquentes violations
de leurs ferments , & dans quel malheur nous a plongés
furtout leur dernière défection , en abandonnant lâchement un Roi bienfaifant, qui déjà nous laiffait entrevoir
l'aurore des beaux jours , que nous allions couler fous
fon règne paternel.

Pour éviter de femblables récidives, et détourner de
deffus nos têtes des coups auffi funeftes, nous nous fommes
enfin décidés à demander leur deftitution et leur éloignement
provifoire des emplois publics. Nous les prions de croire
que l'intérêt de l'état, et non pas un efprit de vengeance
ni d'égoïfme nous a portés à prendre cette mefure. Si ,
faifant taire la voix de l'intérêt, ils voulaient reconnaître
en quel déplorable état leur coupable inconftance nous
a mis , ils avoueraient eux-mêmes leurs torts, fe défieraient
de leur faibleffe ; et bien loin de nous faire un crime de
leur deftitution , par un généreux effort de patriotifme
et de grandeur d'ame, ils la demanderaient eux-mêmes.

Mais , nous dira-t-on, êtes-vous fûrs d'avoir mieux ren-
contré dans les nouvaux fonctionnaires que vous venez
de choifir ? nous ne nous flattons pas d'avoir le don de
prophétie. Nous favons ce que les autres ont fait ; mais
nous ne pouvons garantir ce que feront leurs fucceffeurs.
Cependant nous efpérons que le ciel, laffé de voir et de
punir nos défordres, voyant la pureté de nos intentions,
bénira et fera venir à bonne fin le choix que nous avons
fait. Nous efpérons de plus que tous les Français approu-
veront nos démarches, quand ils en connaîtront les motifs,
et les voici.

Nous avons cherché, nous ne le cachons pas, à faire tomber la majorité des fuffrages fur les descendants de ces familles patriciennes, dont l'origine est auffi antique que les provinces, qu'elles ont autrefois gouvernées, et dont la bonne adminiftration a laiffé partout des vestiges de profpérité et d'opulence. Sans en aller chercher au loin des preuves, nous en trouvons dans notre Cité. Plufieurs de nos citoyens ont vécu fous l'adminiftration des États de Cambrai. Ils peuvent rappeler encore à leur mémoire la sageffe et le défintéreffement des refpectables perfonnages qui la compofaient. Ils ne doivent pas avoir oublié que les députés aux États ne cherchaient et ne recevaient, pour leurs peines et leurs travaux, d'autre falaire ni d'autre récompenfe que la gloire d'avoir utilement fervi la patrie, et bien mérité de leurs concitoyens. Ils favent bien encore qu'avec le modique revenu, que fourniffait alors la contribution publique, ils trouvaient le moyen d'encourager et de récompenser les talents, faifant des penfions, ou accordant des gratifications à ceux, qui, par leurs travaux ou leur induftrie, s'étaient rendus les plus utiles à leurs concitoyens.

Si la génération préfente ne fut pas témoin de ces actes de bienfaifance; du moins peut-elle voir encore des monuments, qui atteftent la sage économie de cette adminiftration ; des cafernes superbes, des édifices, des chauffées et bien d'autres ouvrages utiles, qui rappellent des tems plus heureux que le nôtre.

Eh ! quels monumens nous ont laiffés leurs fucceffeurs ? hélas ! ils nous en ont laiffé, mais de bien triftes ! plût à Dieu que nous n'euffions pas la douleur de les avoir tous les jours fous les yeux ! faffe le ciel qu'une adminiftration bienfaifante délivre bientôt notre vue de ces *monceaux de ruines et de décombres*, qui portent la trifteffe dans nos cœurs, en nous rappelant de funèbres fouvenirs ; et faffe élever à la place de ces lugubres reftes, des monuments qui nous faffent oublier à jamais les horreurs de la révolution, et nous rappellent les tems heureux, où la France, fous l'ancienne Dynaftie de nos Rois, goûtait les douceurs de la paix au fein de l'opulence et de la profpérité.

Nous espérons que les descendants marcheront fur les traces de leurs ancêtres, et qu'ils ne dérogeront en rien aux fentiments d'honneur et de patriotifme, qui ont illuftré leurs familles. Nous l'espérons avec d'autant plus de confiance, qu'ils ont été nourris et élevés dans les mêmes principes, et que, malgré les orages qui ont amené tant de changements, ils ont toujours montré la même répugnance pour les innovations, et font toujours restés fidèles à la bonne caufe.

Un autre motif, qui a déterminé notre choix, c'eft le befoin où le Roi fe trouve d'être entouré d'hommes fûrs et fidèles. En bon père il avait cru d'abord pouvoir donner indiftinctement fa confiance à tous fes enfants; mais l'expérience a malheureufement prouvé qu'il s'était trompé. Nous n'avons pas befoin de vous répéter comment certains individus ont ufé de cette confiance, et ce que leur infidélité a coûté à la France. Il faut donc que ce bon Roi, quoiqu'il en coûte à fon cœur, tourne fes regards fur d'autres, et cherche des appuis plus folides.

A qui peut-il mieux s'adreffer qu'à ceux dont la fidélité à fubi l'épreuve des tourments et des tortures; qui, renonçant à leurs fortunes plutôt qu'à l'amour de leur Roi, ont abondonné leurs foyers et leur patrie, pour être les compagnons de fon exil et de fes difgraces? enfin, pour parler plus net : le Roi, pour rétablir l'ordre et la tranquillité dans fes états, nous demande des collaborateurs, fur qui il puiffe fe repofer fans crainte : lui préfenterons-nous ceux qui lui font reftés fidèles, ou ceux qui l'ont trahi? que feriez-vous à fa place ou à la nôtre? répondez : si vous êtes fincères, votre réponfe ne peut que juftifier notre conduite.

Chers concitoyens, nous favons que quelques uns de vous ont à regretter des emplois et des charges, où vous trouviez des reffources pour élever vos familles. Nous ne fommes pas infenfibles à vos peines. Si le malheur d'autrui pouvait vous confoler, nous vous propoferions l'exemple de bien des honnêtes gens, qui ont effuyé comme vous cette difgrace, quoique fervant la bonne caufe. Mais cette confolation eft trop fèche, nous en avons une meilleure à vous donner. C'eft que votre deftitution n'eft point une profcription, ni l'effet d'une vengeance ; mais une mefure momentanée de fûreté publique. L'Etat exige de vous ce facrifice en ce moment, & vous en fentez la raifon. Confolez vous donc. Vos mérites & vos talens ne feront pas toujours fteriles & méconnus. Quand votre conduite aura prouvé que vous avez totalement abjuré vos erreurs, & que vous êtes prêts à confacrer vos travaux au bien de la Patrie, fi le Roi, dans la multitude de fes affaires, ne peut porter fes regards jufqu'à vous, & apprécier votre mérite ; vos concitoyens, même ceux que vous regardiez comme vos plus cruels ennemis, vous fignaleront ; leurs fuffrages vous préfenteront à fa juftice, & il ne manquera pas de vous employer & d'utilifer vos talens, lui qui tend les bras à tous ceux, qui fe dévouent au bonheur des Français.

Paffons maintenant à l'article des Prêtres, dont bien des gens fe font un epouvantail ; parce que la calomnie, ne ceffant de les pourfuivre, en a fait des monftres odieux même aux yeux de ceux qui ne les connaiffent pas, & qui n'ont jamais converfé avec eux. Nos Prêtres ne font pas tels que les dépeint le miniftre Carnot dans fon pamphlet ; *des gens qui ne demandent que de l'argent & du fang.* Vous avez peut-être converfé avec eux, & je ne crois pas que vous en ayez trouvé un feul de ce caractère. Bien des gens, comme M. Carnot, les condamnent fans les avoir entendus. Mais examinons fi leur exiftence eft auffi inutile à la fociété, qu'on voudrait le faire croire.

De tous tems, même dans les fiècles les plus éclairés du Paganifme, la Religion, c'eft-à-dire, le Culte qu'on rend à la Divinité, a été regardée non feulement comme la voie qui mène les hommes à la félicité éternelle ; mais encore comme un frein falutaire, qui les retient dans le devoir ; & fans lequel l'autorité humaine ne parviendrait jamais à arrêter la fougue de leurs paffions, & à les foumettre à l'obfervance des lois établies pour le bien de la fociété. De plus habiles orateurs ont traité cette matière, & développé cette vérité d'une manière fi lucide & fi claire, que nous ne trouvons plus rien à dire après eux. C'eft à leurs lumières, plutôt qu'aux nôtres, que nous vous prions de vous en rapporter. L'expérience d'ailleurs vient à l'appui de notre affertion ; s'il faut vous rapporter des faits, en voici un que vous ne récuferez peut - être pas.

Buonaparte, que bien des gens regardaient comme l'oracle de la fageffe & le modèle des Rois ; Buonaparte (on ne foupçonnera pas celui-ci de *cagoterie*, ni de porter une confcience trop timorée pour ce qui concerne les intérêts du Ciel ; ni de croire trop légèrement aux maximes des dévots) Buonaparte, dis-je, a reconnu lui-même, finon la néceffité, du moins l'utilité de la Religion, & a cru bien faire, en mettant les Prêtres en honneur dans fon gouvernement. A cette autorité qui des incrédules refufera de fe rendre ?

« Buonaparte, nous dira-t-on, n'agiffait point en cela par zèle de dévotion, & n'a jamais laiffé prendre aux Prêtres aucun empire fur fes volontés ». Nous le favons, fans qu'on nous le dife. Buonaparte, comme bien d'autres prétendus éclairés, veulent bien que la Religion exifte, mais chez les gens du peuple, qu'ils appellent des génies étroits & bornés. Ils voudraient voir exifter la Religion, comme les autres vertus, mais chez autrui. L'avare fouhaiterait fort d'avoir un voifin généreux, l'ambitieux ne voudrait voir que des humbles. Nous favons fort bien que Buonaparte en ceci n'avait que des vues terreftres. Ne connaiffant rien au deffus de fa puiffance, il ne fe fera jamais avifé d'adreffer des vœux & des prières au Ciel, pour en obtenir la protection. Il ne fe fervait de Prêtres que comme d'inftruments propres à feconder

ſes vues tyranniques, Il voulait qu'ils fuſſent ſous lui comme
des employés de police, chargés d'arrêter les deſordres.
C'était une vraie jouiſſance pour lui d'entendre les ſervi-
teurs de Dieu prêcher une obéiſſance exacte aux Souverains, & ſurtout à *Sa Majeſté Impériale & Royale*, qui nous
gouvernait alors. Mais il eût fait une bien triſte mine,
ſi quelque prédicateur, dans un ſermon ſur les vanités
du monde, lui eût dit en face; « que tous les Empereurs
& les Rois du monde, avec leurs ſceptres & leurs couron-
nes, ne ſont que vanité; que la main de Dieu ſe joue
de leur puiſſance, comme le vent de la pouſſière ».

Quoique Buonaparte ne ſe fiât pas trop au dévouement
des Prêtres, il les employait, ſinon comme miniſtres de
Dieu, du moins comme les ſiens; & il en eſpérait un bon
effet pour le bien de la ſociété. Il ne ſe trompait
pas. Mais quel beaucoup meilleur effet n'en aurait-il pas
réſulté, s'il ſe fût rendu lui - même docile aux divines
leçons, que les miniſtres de la Religion ſont chargés de
faire à tous les hommes ſans diſtinction, & s'il ne les eût
pas génés dans la plénitude de leurs fonctions !

C'eſt ici, ſans doute, que vous allez vous récrier contre le trop grand pouvoir accordé aux Prêtres. Nous ſerions
les premiers à le faire, ſi nous n'étions pleinement per-
ſuadés que le Roi, en leur accordant ſa confiance, ne leur
permet pas de s'écarter de la ſainteté de leurs fonctions,
ni de réunir aucun pouvoir temporel au ſpirituel. Nous
ſentons, comme vous, le mal qu'un fanatiſme exalté peut
faire à l'Etat & à la Religion. Autant la vraie dévotion
eſt une vertu reſpectable, autant la fauſſe eſt un vice
déteſtable & pernicieux. Nous ſavons que les hommes
vraiment & ſincèrement pieux ſont des modèles de vertu,
dignes de reſpect & de vénération; que leur conduite
répand une odeur de ſainteté, qui commande l'eſtime même
des plus grands ſcélérats. Des dévots de cette trempe ſont
des hommes précieux pour la ſociété. Mais nous ſavons auſſi
que les faux dévots, dont toute la ſainteté ne conſiſte
que dans des pratiques extérieures de dévotion, ſont

ſous des apparences de modeſtie, des tyrans impitoyables, plus capables de cenſurer la conduite des autres, que d'améliorer la leur ; plus attentifs à relever les défauts d'autrui, qu'à ſe redreſſer eux-mêmes ; qui voudraient aſſujettir tout le monde à leurs obſervances quoique grimacières, ou qui ne ſemblent affecter plus de zèle que les autres, que pour rendre condamnables ceux qui en étaient moins. Ces deux eſpèces de dévots ſont aiſées à connaître. Les premiers ſont doux, affables, prêts à obliger tout le monde, ne penſant mal de perſonne. Les autres ſont dûrs, farouches, inſociables, vindicatifs, ennemis des hommes et de la ſociété.

Le Roi, en accordant ſa confiance aux prêtres, n'entend point nous impoſer le joug de l'hypocriſie ; il ne leur a pas dit : *je vous donne le pouvoir de ſévir contre tous ceux qui ſe montreront indociles à votre voix. Je regarderai comme des ſujets rebelles & infidèles ; ceux qui n'obéiront pas à vos ordres. J'accablerai de ma diſgrâce, quiconque n'aura pas pour vous toutes les déférences que vous croirez pouvoir exiger ; en un mot j'exécuterai toutes les vengeances que vous ordonnerez.* Tel n'eſt pas l'eſprit de l'évangile, tel ne peut pas être l'eſprit de ceux qui le prêchent, & tels ne ſont pas, à coup ſûr, ni l'eſprit, ni les intentions de notre bon Roi. *Miniſtres d'un Dieu de paix et de miſéricorde,* leur aura-t-il dit, *je n'ai rien tant à cœur que de voir tous les français, mes ſujets et mes enfants, parfaitement d'accord entr'eux, obſervant les uns envers les autres tous les devoirs de la charité fraternelle, fidèles à garder leur parole envers tout le monde, s'acquittant religieuſement de leurs dettes, réparant leurs torts, méritant et gagnant la confiance les uns des autres, ſe pardonnant mutuellement les injures reçues, s'entr'aidant dans leurs beſoins ; enfin pratiquant toutes les vertus évangéliques, dont la fidèle obſervance leur fera goûter le bonheur, même déjà en ce monde. C'eſt à vous, miniſtres de l'évangile, à leur inculquer ces nobles ſentiments, en leur prêchant les vérités de notre ſainte religion. J'ai cette confiance en vous, qu'en la prêchant cette ſainte religion, vous la rendrez aimable, et ne la défigurerez*

point , pour en faire un monſtre capable de rebuter leur courage:
Implorez le ſecours du Ciel , pour qu'il diſpoſe leurs cœurs à
reconnaître enfin le bien que vous et moi leur voulons , afin
que nous ne formions plus qu'une famille d'amis et de frères.
Telles ſont , n'en doutez pas , les affections paternelles de
notre bon Roi ; ce n'eſt que dans ces vues qu'il a donné
ſa confiance aux miniſtres de la religion ; et nos prêtres
ſont trop attachés à leurs devoirs , pour s'en écarter et
tromper la confiance du Roi et la nôtre.

Il ne nous reſte plus qu'un mot à dire ſur les Domaines-
nationaux , les Dîmes et les Droits Féodaux. Ce mot ſera
court , et pour cauſe : car ici notre faible éloquence ſe
trouve en défaut. Si vous conſervez encore des inquiétudes ſur ces objets , nous confeſſons notre inſuffiſance ,
et nous vous dirons que nous ne trouvons point de termes ,
pour vous exprimer plus clairement l'aſſurance que vous
demandez , ni de moyens plus infai'libles de vous tran-
quilliſer , que ceux que le Roi a employés. Cette ſûreté ,
que vous demandez , eſt conſignée et ſcélée dans la Charte
Conſtitutionnelle ; le Roi a juré de la maintenir ; il en a
renouvellé le ſerment dans toutes ſes proclamations ; il
a fait plus , il a fait menacer de punir quiconque oſerait
manifeſter ou jetter le moindre doute ſur ce ſujet.
Si cela ne vous appaiſe point , indiquez - lui , ſi vous le
pouvez , des voies plus perſuaſives , pour parvenir à la
conviction. Douter encore de ſa parole , c'eſt lui faire
une fauſſe querelle ; c'eſt prendre un malin plaiſir à aggra-
ver ſes peines. Si , ce qui n'eſt pas croyable , c'était de
bonne-foi que vous en doutaſſiez , vous nous donneriez
mauvaiſe opinion de votre probité : car vous nous por-
teriez à croire que vous , à la place du Roi , vous n'agi-
riez pas de même ; & que violer une parole donnée ſi
ſolennellement ne ſerait pas une choſe bien difficile pour
votre conſcience.

A Dieu ne plaiſe que nous ayons de vous cette penſée.
Nous aimons mieux croire que tous vos doutes ſont levés ,
& vos inquiétudes appaiſées ; que les haines , les diſſenſions

& les querelles vont être bannies entièrement de nos sociétés.

Français! prenez-y garde: des ennemis secrets conspirent contre notre tranquillité. Tant qu'ils sentiront des partis parmi nous, ils prendront plaisir à les alimenter, pour nous affaiblir & profiter de notre faiblesse. La même main foudoiera celui-ci contre celui-là, celui-là contre celui-ci. Ils connaissent mieux notre situation que nous, & qu'ils ne connaissent peut-être même la leur. Ils savent que réunis nous serions invincibles, & qu'il faut nous désunir pour nous vaincre & faire de nous ce qu'ils voudront. Leur laisserons-nous le barbare plaisir de s'amuser de nos malheurs ? Ils vont débiter mille calomnies, répandre des bruits alarmants, pousser ou faire pousser des cris séditieux. Ils n'omettront rien de tout ce qu'ils croiront propre à donner des frayeurs, à altérer les espérances, à entretenir ou faire naître la défiance, à allumer la discorde, enfin à exciter parmi nous la fureur. Fermons l'oreille à toutes ces insinuations perfides ; qu'ils ne recueillent d'autre fruit de leurs détestables entreprises, que la honte de les avoir inutilement tentées. Ne nous alarmons point de leurs vains projets ; ils ne peuvent réussir, si nous n'y donnons les mains. Ceux qui veulent nous perdre, auront le sort que le ciel réserve aux insidiateurs ; ils tomberont eux-mêmes dans le piège, où ils auront voulu nous prendre. L'Être Suprême, qui a puni les écarts & les désordres, où l'ambition d'un Tyran & notre aveuglement nous avaient entraînés, secondera & bénira les généreux efforts que nous ferons pour rétablir l'ordre & rendre la paix à notre malheureuse Patrie. Malgré les ravages de la guerre, malgré les plus terribles fléaux, que l'enfer déchaîné peut faire peser sur nous, la concorde & la bonne intelligence auront bientôt mis fin à nos maux ; & nous serons heureux, si nous le voulons. Eh! ne goûtassions nous que les douceurs d'une sensible amitié, d'une union vraiment fraternelle ! ce bien seul ne suffirait-il pas pour nous faire oublier toutes nos infortunes & nous faire couler des jours heureux ?

Préfentons donc un cœur d'airain aux ennemis de notre repos ; mais montrons-nous dociles & flexibles à la voix de ceux qui nous appellent à la concorde. Tant qu'il fe trouvera parmi nous des efprits perturbateurs, plus occupés à détruire que les autres à édifier, ce bonheur que nous cherchons & qui dépend de nous, nous fuira toujours. Abjurons tout fyftème de vindication, qui ne peut qu'engendrer des difcordes interminables ; parce qu'il n'eft perfonne de nous, qui n'ait des motifs de vengeance, s'il voulait écouter les reffentimens de fon cœur. Notre bon Roi, tout incapable qu'il eft d'offenfer perfonne, que d'injures, que d'outrages n'a-t-il pas à pardonner ? & il les pardonne, & c'eft par là qu'il montre la nobleffe de fes fentimens. Avons-nous plus de dignité à compromettre, ferons-nous plus humiliés que lui, en agiffant de même ? Ne rougiffons pas, mais faifons-nous gloire d'abjurer nos erreurs. S'il y a de la faibleffe à s'y laiffer aller, il eft beau de les reconnaître & d'en revenir. *L'homme qui avoue fon tort*, dit un philofophe, *prouve qu'il eft plus fage aujourd'hui qu'il n'était hier.*

Que la jaloufie, l'envie, l'intérêt ne foient plus les mobiles de nos actions. Que tous les Français, fans en excepter même les méchants, foient l'objet de notre amour et de notre follicitude fraternelle. Sachons toujours diftinguer la faute du coupable : puniffons, même en pardonnant le crime ; et que cette punition n'ait pour bût, que de remettre le criminel dans le chemin de la vertu, et non pas d'en faire l'objet d'une éternelle averfion.

Ne perdons point courage, pour un moment d'adverfité. Ne démentons pas notre caractère national ; toujours on a vu le Français conferver fa gaieté même au milieu des tempêtes et des orages. Si nous fouffrons, nous unirons nos fouffrances, elles en feront moins fenfibles, Le pacte de concorde, que nous allons jurer entre nous, ne peut que ramener des jours heureux. Nous avons à notre tête un brave Français, un modèle de vertu, peut-être la plus belle ame de France. Vous l'avez vu, citoyens de Cambrai ! vous avez eu le bonheur de le contempler face à face ! vous avez admiré cet air de bonté, ce visage plein de douceur et de sérénité, le miroir fidèle de son âme ; vous y avez pu remarquer cette joie vive et pure, qu'éprouve un tendre père, qui, après un long exil, revoit ses chers enfants, dont le malheur l'avait séparé ! des adulateurs, en composant le portrait d'un grand Prince ou même d'un tyran, s'épuisent à chercher et à y répandre les traits les plus aimables, et les plus beaux coloris ; mais ce tableau ne représente que ce que ces héros doivent être, et non pas ce qu'ils font ; personne ne reconnait, ni dans le physique, ni dans le moral, ce qu'il voit dans la peinture imaginaire. Mais ici vous avez vu notre digne Monarque tel qu'il est ; sa physionnomie n'est point menteuse, toute son ame se retrouve sur sa figure, et certes cette figure n'est point celle d'un homme, en qui nous puissions mettre la moindre défiance.

Ce bon père, après avoir essuyé tous les maux d'un long exil, semble ne plus sentir le poids de ses années, quand il revoit sa famille. Il semble oublier sa vieillesse et se rajeunir pour travailler au bonheur de ses enfants, et nous engager par son exemple, à ne point nous rebuter des difficultés, que présente ce travail. La confiance qu'il a en nous soutient son courage. *A la tête de tout autre peuple que le peuple Français*, dit-il dans sa douleur, *je désespérerais de pouvoir apporter des remèdes à notre détresse, mais aidé de mes braves Français, je ne puis perdre l'espoir d'y réussir.* Remarquez-vous cette confiance paternelle ? voyez-vous comme il nous tend les bras, comme il nous invite à joindre nos efforts aux siens, pour rendre la félicité à son peuple ? resisterons-nous à ses instances ? réfuserons-nous les offres que ce bon père nous fait de nous rendre heureux ? non, Français, nous avons confiance en vous. Nous n'allons plus former qu'une famille. Notre père est au milieu de nous ; il n'a point mérité les longues disgraces qu'il a souffertes ; il mérite notre amour et notre reconnaissance ; et nous ne permet-

trons pas qu'on le trahiffe impunément. Nous entourerons
fon Trône, nous lui ferons un rempart de nos corps,
nos bras s'armeront pour fa défenfe, et notre cri de rallie-
ment fera déformais : VIVE LE ROI ET TOUS LES
FRANÇAIS !